EAB

Esperanto Mini-Course

Reprinted 2011
ISBN 978-0-902756-28-1

Based on *Esperanto for Beginners* by Montagu Butler.

Printed by Skonpres, Poland.

Lesson 1

1. Let's start by learning a few words. Emphasize the last-but-one vowel in every word, and pronounce the final vowel lightly. There are no silent letters. Be especially careful to sound the letter **R**, which should be rolled.

   A is like the *a* in *father*.

frato	*brother*	**patro**	*father*
kafo	*coffee*	**tablo**	*table*
kato	*cat*	**tago**	*day*

   E is like the *e* in *pet*.

bebo	*baby*	**penso**	*thought*
besto	*animal*	**tempo**	*time*
meblo	*piece of furniture*	**teo**	*tea*

   I is like the *i* in *machine* or the *ee* in *seen*.

bildo	*picture*	**lito**	*bed*
filo	*son*	**piro**	*pear*
libro	*book*	**viro**	*man*

   O is a bit like the *o* in *pot*, but more like a shorter version of the *aw* in *raw* — pronounced with rounded lips.

floro	*flower*	**pomo**	*apple*
homo	*person, human being*	**pordo**	*door*
loko	*place*	**rozo**	*rose*

   U is like the *u* in rude or the *oo* in *moon* — pronounced with rounded lips.

frukto	*fruit*	**muro**	*wall*
hundo	*dog*	**pluvo**	*rain*
luno	*moon*	**suno**	*sun*

   - Pronounce all Esperanto vowels with a medium length, not too short and not too long.
   - Don't let the surrounding letters trick you into pronouncing the vowel differently. Each **a** in **staranta** should sound the

same, as should each **e** in **depende**, each **i** in **distingi**, each **o** in **kolombo**, and each **u** in **gustumu**.

- Keep the sound constant throughout. Avoid tailing off into a *y* or *w* sound, as in some English vowels.
- Listen to some recordings of Esperanto pronunciation. You can find some at *www.esperantoeducation.com*.

2. In Esperanto all nouns (names of persons and things) end in **-o**.
3. Esperanto has no word for *a* or *an*. **Patro** = *father*, or *a father*. The word for *the* is **la**.
4. **Kio estas tio?** (*What is that?*) **Tio estas la pordo.** (*That is the door.*) **Kio estas kato? Kato estas besto. Kio estas tablo? Tablo estas meblo. Kio estas pomo? Pomo estas frukto. Kio estas rozo? Rozo estas floro.**

   Answer **Kio?** with a word ending in **-o**.
5. Words that describe or qualify nouns are called adjectives. Adjectives in Esperanto end in **-a**. Here are some:

alta	*high*	**longa**	*long*
bela	*beautiful*	**mola**	*soft*
bona	*good*	**nova**	*new*
forta	*strong*	**pura**	*clean*
granda	*large*	**sana**	*healthy, well*
grava	*important*	**varma**	*warm*
kontenta	*contented, pleased*	**vera**	*true, real*

6. **Plena glaso** = *a full glass.* **La plena glaso** = *the full glass.*
   La glaso estas plena = *the glass is full.*

   Granda urbo = *a large town.* **La granda urbo** = *the large town.*
   La urbo estas granda = *the town is large.*
7. Vary the following in the same way as in 6, and translate: **Alta tablo. Bela loko. Bona teo. Forta kafo. Granda bildo. Grava homo. Kontenta kato. Longa tago. Mola lito. Nova luno. Pura pluvo. Sana viro. Varma suno. Vera floro.**
8. Remember to emphasize the last vowel but one.

amiko	*friend*	**instruisto**	*teacher*
domo	*house*	**linio**	*line*
familio	*family*	**papero**	*paper*
fenestro	*window*	**skatolo**	*box*

Use these words with adjectives in the same way as in 6.

9. The Esperanto letter **J** has the sound of English *y*.

gaja	*cheerful, happy*	**lernejo**	*school*
juna	*young*	**vojo**	*way, path*

La juna frato estas gaja. La lernejo estas nova.
Tio estas la vojo. La vojo estas longa.

10. **Kia estas la tablo?** (*Of what kind is the table? What kind of table is it?*) **La tablo estas longa.** (*The table is long.*)

Answer **Kia?** with a word ending in **-a**.

11. Answer these questions: **Kia estas la pordo? ... la domo? ... la patro? ... la bildo? ... la tago? ... la floro?**

Lesson 2

12. We can turn a word into its opposite by putting **mal-** in front of it.

juna	*young*	**maljuna**	*old*
sama	*same*	**malsama**	*different*

Thus, from the words we have learnt we can form:

malgranda	*small*
malgrava	*unimportant*
mallonga	*short*
malplena	*empty*
malsana	*ill*

mola pano	*soft bread*	**malmola pano**	*hard bread*
pura akvo	*clean water*	**malpura akvo**	*dirty water*
bona libro	*a good book*	**malbona libro**	*a bad book*

13. Read and translate: **Malalta tablo. Malbela tago. Malbona piro. Malforta teo. Malgranda filo. Maljuna hundo. Malgrava papero.**

Malkontenta kato. Mallonga vojo. Malnova bildo. Malplena glaso. Malpura domo. Malsana frato. Malvarma akvo. Malvera kafo.

14. In English, to speak of more than one person or thing (a plural noun), we generally add *-s*. In Esperanto we add **-j**. (Esperanto **-oj** sounds like the *oy* in *boy*.) For example:

patro	*father*	**patroj**	*fathers*
mano	*hand*	**manoj**	*hands*
disko	*disc (CD, DVD, ...)*	**diskoj**	*discs*

Repeat all the words in 1 with the ending **-oj** instead of **-o**, and translate.

15. This **-j** ending is also added to the adjective (see 5), so in the singular (for one thing) we have **-a -o**, and in the plural (for more than one) **-aj -oj. -aj -oj** rhymes with *my boy*.

16. Repeat 7 and 13 in the plural, thus:

altaj tabloj	*high tables*
malaltaj tabloj	*low tables*

17. The word **estas** means *is* or *are*. Thus:

La tasko estas simpla.	*The task is simple.*
La taskoj estas simplaj.	*The tasks are simple.*
La vortoj estas longaj.	*The words are long.*
La forkoj estas novaj.	*The forks are new.*
La plankoj estas puraj.	*The floors are clean.*
La pomoj estas malmolaj.	*The apples are hard.*

18. The letter **Ŝ** ('s with a hat') has the sound of English *sh*. **Ŝi** means (and sounds like) *she*.

fiŝo	*a fish*	**ŝafo**	*a sheep*
freŝa	*fresh*	**ŝipo**	*a ship*
muŝo	*a fly*	**ŝuo**	*a shoe*

19. Learn the following words, which occur frequently:

de	*of*	**ne**	*no, not*
en	*in*	**sed**	*but*
kaj	*and*	**sur**	*on*

20. **La nomo de la viro** (*the name of the man, the man's name*) **estas Roberto. La floro estas en la akvo. La teo estas en la taso** (*cup*). **La libroj estas sur la breto** (*shelf*), **kaj la papero estas en la skatolo.**

21. **La fiŝo estas freŝa. La fiŝoj estas freŝaj. La pano ne estas** (*is not*) **freŝa. La ŝafo ne estas granda. La ŝafoj ne estas** (*are not*) **grandaj. La libro de la knabo** (*boy*) **estas sur la planko. Ŝi estas en la domo. La fiŝo estas en la akvo. La viroj estas en la ŝipo. La libro kaj la papero estas sur la tablo. La domo estas bona, sed la fenestroj estas malbonaj. Ŝi ne estas kontenta, sed ŝi ne estas malkontenta.**

22. **En la libro estas** (*there is*) **bildo. En la libro estas** (*there are*) **bildoj.**

23. Answer the following questions:

    Kio estas sur la tablo? ... en la glaso? ... sur la maro (*sea*)? **... en la lernejo? ... sur la planko?**

24. **Kie estas** (*Where is*) **la papero? La papero estas tie** (*there*), **sur la skatolo.**

    Kie estas (*Where are*) **la libroj? La libroj estas tie, en la skatolo.**

Lesson 3

25. We have learnt that **estas** means *is* or *are*. These words relate to what is happening now, at the present time. For instance, **la pomo estas sur la tablo** means that the apple is on the table now. All words denoting an action or state at the present time (verbs in the present tense) end in **-as**, for example: **Mi laboras** = *I work* (or *am working*).

dormas	*sleep*	**ludas**	*play*
kantas	*sing*	**ploras**	*weep, cry*
kuras	*run*	**ridas**	*laugh*
kuŝas	*lie (be horizontal)*	**sidas**	*sit*
laboras	*work*	**skribas**	*write*
legas	*read*	**staras**	*stand*

26. | | | | | | |
|---|---|---|---|---|---|
| **mi** | *I, me* | **ĝi** | *it* | **ni** | *we, us* |
| **vi** | *you* | **li** | *he, him* | **ili** | *they, them* |
| | | **ŝi** | *she, her* | | |

Ĝi is pronounced like *gee* or the *jee* in *jeep*.

27. **Mi sidas kaj skribas. Li kuŝas kaj dormas. Ni staras kaj legas. Ili ne ploras; ili ridas. Vi ne laboras; vi ludas. Kie ĝi dormas?**

Mi sidas.	*I sit*	(or *am sitting*).
La suno brilas.	*The sun shines*	(or *is shining*).
La hundoj kuras.	*The dogs run*	(or *are running*).
La birdoj flugas.	*The birds fly*	(or *are flying*).

La kato ludas en la domo. La knabo dormas en la lito. La maljuna viro laboras sur la kampo (*field*). **Ni ne staras sur la tabloj; ni sidas sur ili.**

28. **Kiu** = *who.*

Kiu estas vi? Mi estas (*I am*) **Maria.**
Kiu kantas? Ŝi kantas.
Kiu estas en la lito? Ne mi.
Kiu parolas (*is speaking*)**? Vi.**

29. **Al** = *to.*

Ŝi kantas al li, sed li ne kantas al ŝi. Ili kuras al ni. Ni legas al ili. La filo skribas al la patro. Al kiu vi parolas?

30. **Apud** = *next to, beside.*

La teo estas apud la kafo. La kato dormas apud la fenestro. Li sidas apud ŝi. La viro staras apud la pordo.

31. **Sub** = *under, beneath.*

Ili ridas sub la pluvo. Estas malfreŝa fiŝo sub la muŝo. La ŝafoj kuŝas sub la suno. La papero estas sub la tablo.

32. In English, the letter *c* sometimes sounds like *k*, sometimes like *s*. In Esperanto the letter **C** always has the sound *ts*, as in *bits*:

anoncas	*announce*	**laca**	*tired*
dancas	*dance*	**leciono**	*lesson*
facila	*easy*	**pacienca**	*patient*

33. The Esperanto letter **Ĉ** ('c with a hat') has the sound of English *ch*, as in *church*:

ĉambro	*room*	**ĉielo**	*sky*
ĉapelo	*hat*	**ĉokolado**	*chocolate*
ĉevalo	*horse*	**riĉa**	*rich*

34. We have already learnt four question words. In Esperanto these begin with *ki-*, and in English with *wh-*:

Kio? = *what?* **Kia?** = *what kind of?* **Kie?** = *where?* **Kiu?** = *who?*

35. Some questions invite the answer *yes* or *no* (**jes** or **ne**). These are formed using **ĉu**. We can turn any statement into a question by placing **ĉu** at the beginning. Thus:

La bano estas preta.	*The bath is ready.*
Ĉu la bano estas preta?	*Is the bath ready?*

The meaning is: '(*Tell me*) *whether the bath is ready.*'

Jes, ĝi estas preta.	*Yes, it is ready.*
Ne, ĝi ne estas preta.	*No, it is not ready.*

Ĉu li dancas? *Does he dance? Is he dancing?*
(**Jes, li dancas. Ne, li ne dancas.**)

Ĉu la birdoj kantas? *Do the birds sing? Are the birds singing?*
(**Jes, ili kantas. Ne, ili ne kantas.**)

Ĉu la noktoj estas longaj? *Are the nights long?*

Ĉu la kuzo estas juna? *Is the cousin young?*

36. **Ĉu mi estas prava?** *Am I right?*

Kompreneble vi estas.	
or **Kompreneble jes.**	*Of course you are.*
Kompreneble ne.	*Of course not, of course you're not.*
Eble jes.	*Perhaps you are, perhaps so.*
Eble ne.	*Perhaps not.*
Efektive, vi estas malprava.	*As a matter of fact, you are wrong.*

37. **Ĉu ŝi estas tie?** *Is she there?*

Eble jes.	*Perhaps she is.*
Kompreneble ne.	*Of course not.*

Se jes, ...	*If so* (or *if she is*), ...
Se ne, ...	*If not* (or *if she isn't*), ...

38. **Ŝi estas tie, ĉu ne?** *She's there, isn't she?*
Ŝi ne estas tie, ĉu? *She isn't there, is she?*

39. **Kiu legas? La kuzo legas.**
Al kiu li legas? Li legas al mi.
Kia li estas? Li estas juna, alta kaj riĉa.
Kie li estas? Li estas en la ĉambro.
Kio estas tio? Ĝi estas nur (*only*) **libro.**
Kia estas la libro? Ĝi estas granda, sed tre (*very*) **malbela.**
Kie ĝi estas? Ĝi estas sub la malnova ĉapelo.
Ĉu la libro estas nova? Ne, ĝi ne estas nova: ĝi estas tre malnova.

Lesson 4

40. We have learnt that verbs in the present tense end in **-as** (see 25). For verbs in the past tense, referring to an action or state in the past, we use the ending **-is**:

estis	*was, were*	**ripozis**	*rested*
laboris	*worked*	**venis**	*came*
ludis	*played*	**vokis**	*called*

La infano ludis.	*The child played* (or *was playing*).
La viroj laboris.	*The men worked* (or *were working*).
En la taso estis kafo.	*In the cup* (*there*) *was coffee.*
Li estis tie, ĉu ne?	*He was there, wasn't he?*
Ĉu ŝi venis?	*Did she* (or *has she*) *come?*

41. Repeat the verbs in 25 with the ending **-is** instead of **-as**, and translate.

42. The Esperanto letter **Ĝ** ('g with a hat') has the soft sound of the *g* in *gem* or the *j* in *jet.* But plain **G** (without the hat) always has the hard sound of the *g* in *go* or *get.* Thus:

aĝo	*age*	**loĝas**	*live, reside, dwell*
avantaĝo	*advantage*	**manĝas**	*eat*
ĝardeno	*garden*	**neĝo**	*snow*
ĝenerala	*general*	**saĝa**	*wise*
ĝis	*until*	**ŝanĝas**	*change*
ĝusta	*correct*	**seĝo**	*chair*

43. **Koloroj** (*colours*)

blua	*blue*	**oranĝa**	*orange*
blanka	*white*	**purpura**	*purple*
bruna	*brown*	**roza**	*pink*
flava	*yellow*	**ruĝa**	*red*
griza	*grey*	**verda**	*green*
nigra	*black*		

Use these words with nouns. Thus: **Kiu estas la koloro de banano? Banano estas flava.**

44. You know that **patro** means *father*, and have probably asked yourself what the word for *mother* is. Study the following:

avo	*grandfather*	**avino**	*grandmother*
knabo	*boy*	**knabino**	*girl*
kuzo	*male cousin*	**kuzino**	*female cousin*
reĝo	*king*	**reĝino**	*queen*
viro	*man*	**virino**	*woman*

Notice that the female is formed by adding the suffix **-in-** before the ending **-o** of the corresponding male word. So *mother* is **patrino**.

45. **Numeroj** (*numbers*)

1 **unu**	3 **tri**	5 **kvin**	7 **sep**	9 **naŭ**
2 **du**	4 **kvar**	6 **ses**	8 **ok**	10 **dek**

Pronounce both the **k** and the **v** in **kvar**, **kvin**. **Naŭ** sounds like the English word *now*.

11 **dek unu**	12 **dek du**	...	19 **dek naŭ**

Dek tri = 10 + 3 (two words, showing addition).

20 **dudek**	21 **dudek unu**	...	99 **naŭdek naŭ**

Tridek = 3 × 10 (one word, showing multiplication).

100 **cent** 200 **ducent** 999 **naŭcent naŭdek naŭ** 1000 **mil**

46. **Du birdoj en unu arbo** (*two birds in one tree*).

La tri knaboj ludis en la ĝardeno.

Sur la seĝo estis kvar pomoj kaj du piroj.

Ses aŭ (*or*) **sep glasoj estas sur la tablo.**

Tie loĝas kvardek ĝis kvindek mil (*40 to 50 thousand*) **homoj.**

La domo staras inter du arboj (*between two trees*).

47. Read these aloud in Esperanto: **5 birdoj, 3 avantaĝoj, 16 domoj, 8 infanoj, 70 arboj, 10 minutoj** (*minutes*), **17 jaroj** (*years*).

Kiu numero venas post (*after*) **6?**
Kiu numero venas antaŭ (*before*) **13?**
Kiu numero venas inter 7 kaj 9?

Du kaj tri (or **du plus tri**) **estas kvin** (2 + 3 = 5).

Kio estas ok plus naŭ? Dek sep. Tio estas ĝusta!

48. **Kiom** (*how many*) **estas 5 + 6, 4 + 9, 16 + 8?**

Kiom da (*How much (of), how many (of)*) **glasoj estas sur la tablo? Kiom da blankaj birdoj flugas en la ĉielo? Kiom da neĝo kuŝas apud la pordo. Kiom da ĉevaloj kuras sub la arboj? Kiom da homoj loĝas en la urbo? Kiom da knaboj venis al la domo? Estas dek ŝafoj, dudek kvar nigraj birdoj kaj unu hundo sur la kampo: kiom da bestoj estas?**

49. **Kial** (*why*) **vi venis? Mi venis, ĉar** (*because*) **vi vokis. Kial vi silentas** (*are silent*)**? Ĉar la bebo dormas. Kial ŝi ne kantas? Ĉar ŝi estas laca. Kial vi ridas? Ĉar la suno brilas, kaj mi estas tre feliĉa** (*happy*).

50. You can refer to a group containing both sexes by putting **ge-** in front of the plural noun:

geknaboj	*boys and girls, children*
gekuzoj	*cousins* (*male and female*)
gepatroj	*parents*

En la domo loĝas granda familio. La geavoj ripozas en la granda ĉambro; la gepatroj laboras en la urbo. Estas tri gefiloj en la

familio: du filinoj kaj unu filo. La tri gefratoj ludas en la ĝardeno. Estas bela tago. Griza kato dormas inter la floroj.

Lesson 5

51. Let's examine the sentence **Ŝi vidas**, *she sees*. If we ask **Kiu vidas?** *Who sees?* the answer is obviously **ŝi**, *she*. **Ŝi** is the 'subject' of the sentence, the person doing the action of 'seeing'.

It is natural to then ask: 'Well, what does she see?' The sentence **Ŝi vidas** doesn't tell us what she sees, but **Ŝi vidas la katon** tells us that what she sees is a cat. We add the ending **-n** to the person or thing that is the 'object' of an action.

In English we do not distinguish so clearly between subject and object, although a few words have an *m* for the object:

Ŝi vidas kiun?	*She sees ... whom?*
or **Kiun ŝi vidas?**	*Whom does she see?*
Ŝi vidas lin.	*She sees him.*
Ŝi vidas ilin.	*She sees them.*

The **-n** ending in Esperanto clearly indicates the object. This is important, because the order of the words in an Esperanto sentence is more flexible than in English: the object may come before the subject (**La katon ŝi vidas**). In English this usually only happens in questions.

Ŝi vidas kion?	*She sees ... what?*
or **Kion ŝi vidas?**	*What does she see?*
Ŝi vidas arbon.	*She sees a tree.*
Arbon ŝi vidas.	*She sees a tree.*

Here the subject, the one doing the action, is **ŝi**. The object of the action is **arbon**.

Li vokas.	*He calls.* (**Kiu vokas? Li.**)
Li vokas ŝin.	*He calls her.* (**Li vokas kiun? Ŝin.**)
Mi donas al vi la glason.	*I give the glass to you.*
	or *I give you the glass.*
Mi dankas vin.	*I thank you.*

52. **Mi amas vin** (*I love you*). (**Kiu amas? Mi.**)
La infano amas ĉokoladon.
(**Kiu amas? La infano. La infano amas kion? Ĉokoladon.**)

La patrino legas — kion? — libron.
La patro skribas — kion? — leteron (*letter*).

La infanoj manĝas bananojn, oranĝojn, pomojn kaj pirojn.
La patrino amas la infanojn; ŝi amas ilin.

53.

aĉetas	*buy*	**lernas**	*learn*
atendas	*wait for, expect*	**memoras**	*remember*
aŭdas	*hear*	**perdas**	*lose*
forgesas	*forget*	**trinkas**	*drink*
havas	*have*	**trovas**	*find*
helpas	*help*	**vendas**	*sell*

54. **Ĉu vi amas min, aŭ lin? Kion vi havas en la mano? Mi ne aŭdis; kion ŝi anoncis? Kial vi ne lernis la dek vortojn? Ĉu vi aŭdas tion? Kiun ili atendas tie? Ĉu vi helpis la knabinojn? Ĉu vi memoras, kie ŝi trovis ilin? Ni ŝanĝis la kolorojn de la bildo. Kion vi trinkas? Ĉu (vi trinkas) kafon? Mi havas avantaĝon, vi ne!**

55. Do not use the ending **-n**:

- on the subject of a sentence,
- after **est-**: **Ĝi estas teo** (not **teon**),
- after **al, de**, and other similar words.

Mi dankas vin.	or	**Mi dankas al vi.**
Li vokas nin.	or	**Li vokas al ni.**

56. Words that describe or qualify nouns are called adjectives (see 5): **saĝa homo**. If a noun is in the plural, any adjectives with it must also be in the plural (see 15): **saĝaj kaj paciencaj homoj**. The same applies to the **-n** ending. We say that an adjective agrees with its noun.

Tio estas	**blua**	**floro.**	*That is a blue flower.*
Ili estas	**bluaj**	**floroj.**	*They are blue flowers.*
Mi amas	**bluan**	**floron.**	*I love a blue flower.*
Mi amas	**bluajn**	**florojn.**	*I love blue flowers.*

57. **Li prenis** (*took*) **du plenajn glasojn, kaj tenis** (*held*) **ilin en la mano. Li skribis al mi longan retmesaĝon** (*email*). **Ni trinkis varman ĉokoladon. Ĉar mi estas malsana, ili donis al mi belajn fruktojn; mi dankis ilin. Mi atendis lin, sed li ne trovis min. Mi helpis la lacajn infanojn. Kial vi manĝas malmolajn pirojn? Mi lernis dek facilajn kaj dek malfacilajn vortojn; ĉu vi? Ŝi vendas nur malfreŝan panon kaj malpuran akvon. La infano timas** (*fears*) **grandajn hundojn.**

58. **Kian helpon li donis?**
Paciencan! (= **Li donis paciencan helpon!**)

Kiajn taskojn vi havas?
Malfacilajn! (= **Mi havas malfacilajn taskojn!**)

Lesson 6

59. We have learnt that verbs in the present tense end in **-as** (see 25). For verbs in the past tense, referring to an action or state in the past, we use the ending **-is** (see 40). The ending **-os** denotes future time, saying what will happen at some time in the future (verbs in the future tense):

Mi estos apud la muro.	*I will be near the wall.*
Li estos kun mi.	*He will be with me.*
Ni skribos al ŝi baldaŭ.	*We will write to her soon.*
Ŝi venos, ĉu ne?	*She will come, won't she?*
Ĉu vi ludos kun ili?	*Will you play with them?*

60.

Hieraŭ li kantis.	*Yesterday he sang.*
Hodiaŭ li kantas.	*Today he sings.*
Morgaŭ li kantos.	*Tomorrow he will sing.*

Kiam ŝi venis? Ŝi venis hieraŭ.

Kiam ŝi iros (*go*)? **Ŝi iros morgaŭ.**

Kion vi faras (*What do you do*), **kiam vi estas feliĉa?**
Kiam mi estas feliĉa, mi silentas.

The Esperanto letter **Ĵ** ('j with a hat') sounds like the *s* in the English word *measure* and the *g* in *beige*.

Hodiaŭ estas merkredo (*Wednesday*), **hieraŭ estis mardo** (*Tuesday*), **kaj morgaŭ estos ĵaŭdo** (*Thursday*).

61. You already know the word for *I*: it is **mi**. You probably want to know the word for *my* or *mine*: it is **mia**.

The word *my* shows possession; so do *our, ours, your, yours, her, hers, his, its, their,* and *theirs.*

By adding **-a** to the words for *you*, etc., (see 26), we get the other words of this family. Thus:

ni	*we*	**nia**	*our, ours*
vi	*you*	**via**	*your, yours*
li	*he*	**lia**	*his*
ŝi	*she*	**ŝia**	*her, hers*
ĝi	*it*	**ĝia**	*its*
ili	*they*	**ilia**	*their, theirs*

62. Because these are adjectives, we must add the **-j** ending when they refer to more than one thing, as we do for nouns (see 15).

mia ŝuo	*my shoe*	**miaj ŝuoj**	*my shoes*
via amiko	*your friend*	**viaj amikoj**	*your friends*
lia domo	*his house*	**liaj domoj**	*his houses*
ilia filo	*their son*	**iliaj filoj**	*their sons*
ĝia floro	*its flower*	**ĝiaj floroj**	*its flowers*
ŝia frato	*her brother*	**ŝiaj fratoj**	*her brothers*

63. If we remove the ending from a word, such as the **-o** from **disko**, the **-as** from **dormas**, or the **-a** from **ruĝa**, we are left with what we call the root of the word (**disk-**, **dorm-**, **ruĝ-**).

We can add suffixes to these roots to make words that are different, but related.

The suffix **-et-** reduces the size or intensity (**eta** = *tiny*), thus:

dormas	*sleep*	**dormetas**	*doze*
libro	*a book*	**libreto**	*a booklet*
monto	*a mountain*	**monteto**	*a hill*
ridas	*laugh*	**ridetas**	*smile*
ruĝa	*red*	**ruĝeta**	*reddish*

64. In the same way, the suffix **-eg-** increases the size or intensity:

domo	*house*	**dometo**	*a cottage*
		domego	*a mansion*
urbo	*a town*	**urbeto**	*a small town*
		urbego	*a city*
pluvo	*rain*	**pluveto**	*drizzle*
		pluvego	*deluge*
helpas	*help*	**helpetas**	*help a bit*
		helpegas	*help a lot*
manĝas	*eat*	**manĝetas**	*nibble*
		manĝegas	*eat greedily*
ploras	*weep, cry*	**ploretas**	*whimper*
		ploregas	*howl*
trinkas	*drink*	**trinketas**	*sip*
		trinkegas	*guzzle*
bela	*beautiful*	**beleta**	*pretty*
		belega	*gorgeous*
blua	*blue*	**blueta**	*bluish*
		bluega	*deep blue*
malsana	*ill*	**malsaneta**	*off-colour*
		malsanega	*at death's door*

65. **La akvo estas nur varmeta, sed mi deziras** (*want, desire*) **akvon varmegan. La blanka birdeto flugas sub pluveto. Morgaŭ ni aĉetos grandegan hundon! La knabeto estis bonega hieraŭ; li nur ploretis. Vi havas malpuregajn manojn! La bebo ripozas en liteto. Mi amegas la patron, kaj li amegas min. Hodiaŭ ŝi dormetas sur la planko post la manĝego. Mi estis lacega, sed laboregis. La eta knabo (knabeto) timegis, kiam li vidis la bestegon.**

66. The word **de** may mean *from* as well as *of*:

Ŝi prenis la libron de la tablo. *She took the book from the table.*

Mi ricevis ĝin de mia frato. *I received it from my brother.*

Li kuris de la lernejo ĝis la domo. *He ran from the school to the house.*

La infaneto iris de la seĝo al la tablo. Kial vi kuras de loko al loko?

Lesson 7

67. As the words **mia**, **via**, etc., are adjectives, they take the endings **-j** and **-n** in the same way as other adjectives.

Li uzas mian seĝon.	*He is using my chair.*
Johano aĉetis nian katon.	*John bought our cat.*
Kiu havas miajn librojn?	*Who has my books?*
Viaj libroj estas tie.	*Your books are there.*

68. **Viaj taskoj estas simplaj. Ĉu ŝi legis miajn retmesaĝojn? Kial vi ne manĝas viajn fruktojn? Kie estas niaj paperoj? Kiu trovis viajn diskojn? Mi lernos iliajn nomojn. Ili vidos nian patrinon. Kiam vi manĝos vian oranĝon?**

69. **Diru al mi** = *say to me, tell me.*

Mi petas vin = *I request (of) you.* This is usually shortened to **mi petas** (*please*).

Diru al mi, mi petas, kiu vi estas? ... kie vi loĝas? ... kion vi legas? ... kion mi faras? ... kiun vi amas? ... kiom da fratoj vi havas?

70. **Kio** = *what (thing).* **Tio** = *that (thing).* **Kio estas tio?** *What is that?*

Kiu = *which (one).* **Tiu** = *that (one)* — of several that are possible.

Kiun libron vi ŝatas?	*Which book do you like?*
Mi ŝatas tiun.	*I like that one.*
Mi malamas tiun viron.	*I hate that man.*
Kiun forkon vi uzas?	
Mi sidos sur tiu seĝo.	

Kiu, standing alone and meaning *who* (see 28), is short for **kiu homo** (*which person*): **Kiu (homo) parolas?**

71. The word **ĉi** before (or after) a **ti**-word brings it near: *that* becomes *this.*

tie	*there, in that place*	**ĉi tie** (or **tie ĉi**)	*here, in this place*
tio	*that thing*	**ĉi tio** (or **tio ĉi**)	*this thing*
tiu	*that one*	**ĉi tiu** (or **tiu ĉi**)	*this one*

72. **Li ne estas tie; li estas ĉi tie.** *He is not there; he is here.*

Tio estas fenestro; ĉi tio estas tablo. *That thing over there is a window; this thing near me is a table.*

Mi ne legis tiun libron, sed mi legas ĉi tiun. *I have not read that book, but I am reading this one.*

73. **Tiuj** = *those.* **Ĉi tiuj** = *these.*

Tiuj viroj = *those men.* **Ĉi tiuj viroj** = *these men.*

Mi legis tiujn librojn = *I have read those books.*

74. **Diru al mi, mi petas, kiu estas tiu malgranda knabo? La libretoj estas sur ĉi tiu tablo. Kial vi ne estis ĉi tie, kiam ili venis? Ĉu vi vidas tiujn homojn? Kio estas ĉi tio? Tiuj infanoj lernas matematikon; ĉi tiuj lernas geografion. Kiu estis en la ĉambro? Kiuj estis en la ĉambro? Kiujn librojn vi prenis?**

Lesson 8

75. Look at the word **vendi**. The English word *to* before a verb is represented in Esperanto by the ending **-i**. Thus, the word **vendi** means *to sell.* Similarly: **skribi** = *to write,* **ludi** = *to play,* and so on.

76. The suffix **-ist-** means 'someone who regularly does':

instrui	*to teach*	**instruisto**	*a teacher*
juĝi	*to judge*	**juĝisto**	*a judge*
lingvo	*language*	**lingvisto**	*a linguist*
muziko	*music*	**muzikisto**	*a musician*
vendi	*to sell*	**vendisto**	*a salesperson*

From **dento**, *a tooth* (root: **dent-**), form *a dentist.*
From **gardi**, *to guard, keep* (root: **gard-**), form *a guard.*
From **trompi**, *to deceive* (root: **tromp-**), form *a swindler.*

Translate: **floristo, ĝardenisto, kantisto, laboristo, maristo, matematikisto, ŝafisto.**

77. The suffix **-il-** means 'a tool for'. Here are some examples:

flugi	*to fly*	**flugilo**	*a wing*
komputi	*to compute*	**komputilo**	*a computer*

linio	*a line*	**liniilo**	*a ruler*
sendi	*to send*	**sendilo**	*a transmitter*
tranĉi	*to cut*	**tranĉilo**	*a knife*

78. **Per** = *by means of, with.*

Tio estas la tranĉilo, per kiu (*which*) **mi tranĉis la panon. Mi tenis ĝin per ĝia tenilo. La etaj infanoj manĝas per la manoj; la grandaj infanoj manĝas per manĝiloj. La beboj ludas per ludiloj. Kiujn muzikilojn ludas tiuj muzikistoj? La instruisto skribas per ruĝa skribilo.**

Oni presas per presilo = *One prints with a printer.* **Oni** means *one* in the sense of 'people in general', for which we often say 'you' or 'they' or 'we' in English. Using the words **demandi** = *to ask*, **kalkuli** = *to count, calculate*, **kovri** = *to cover*, **veturi** = *to travel*, **ŝlosi** = *to lock*, translate:

They ask with a questionnaire. You calculate with a calculator. We cover with a lid. People travel with a vehicle. One locks with a key.

79. The suffix **-ar-** means 'a group of':

adreso	*an address*	**adresaro**	*a collection of addresses*
arbo	*a tree*	**arbaro**	*a forest*
homo	*a person*	**la homaro**	*mankind*
horo	*an hour*	**horaro**	*a timetable*
kampo	*a field*	**la kamparo**	*the countryside*
monto	*a mountain*	**montaro**	*a mountain range*
ŝtupo	*a step*	**ŝtuparo**	*a staircase*
vorto	*a word*	**vortaro**	*a dictionary*

Using the words **amiko**, **breto**, **ĉambro**, **libro**, **ŝafo**, **ŝipo**, which you have already met, make new words meaning: *a circle of friends, a fleet of ships, a flock of sheep, a library, a shelving unit, a suite of rooms.*

80. The suffix **-ej-** means 'a place for':

atendi	*to wait*	**atendejo**	*a waiting room*
aŭto	*a car*	**aŭtejo**	*a garage*
disko	*a disc*	**diskejo**	*a disco*
halti	*to stop*	**haltejo**	*a stopping place, a stop*

lerni	*to learn*	**lernejo**	*a school*
libera	*free*	**malliberejo**	*a prison*
rigardi	*to look at*	**rigardejo**	*a vantage point*
vendi	*to sell*	**vendejo**	*a shop*

Using the words **dormi, infano, juĝi, kafo, labori, libro, loĝi, manĝi, teni, trinki**, which you have already met, make new words meaning: *a bookshop, a cafeteria* (or *dining hall*), *a coffee bar, a courtroom, a dormitory, a dwelling* (or *flat*), *a nursery, a pub, a storeroom, a workplace.*

Lesson 9

81. We have already learnt the words **baldaŭ, hieraŭ, hodiaŭ, morgaŭ.** They show the *time* when an action occurs, and are called adverbs of time. Here are five more:

ĉiam	*always*	**neniam**	*never*	**nun**	*now*
jam	*already*			**ofte**	*often*

Ĉu vi baldaŭ venos? Jes, mi venos hodiaŭ. Mi rigardas nun la horaron. Ĉu vi jam havas la ŝlosilon? Ili neniam sendis ĝin al mi. Ili ofte parolas alian (*another*) **lingvon. Li jam sendis ĝin al mia malnova adreso. Mi neniam aŭdis tiun muzikon. Mi demandos al ŝi morgaŭ. Li ĉiam uzas la komputilon.**

82. Other adverbs show the *manner* or the *place* of an action. Look at the following sentences:

The sun shines brightly.
The man goes everywhere.

The word *brightly* tells *how* the sun shines. The word *everywhere* tells *where* the man goes.

Here are a few adverbs of manner:

bele	*beautifully*	**lerte**	*cleverly*
bone	*well*	**malbone**	*badly*
hele	*brightly*	**simple**	*simply*

83. You will see that all these words end in **-e**. We can form an adverb from any adjective by exchanging the **-a** for an **-e**, thus:

rapida	*quick*	(**rapid-** is the root)	**rapide**	*quickly*
saĝa	*wise*	(**saĝ-** is the root)	**saĝe**	*wisely*

84. Now make the following adverbs for yourself:

From **afabla** (*kind*), form *kindly*.
From **klara** (*clear*), form *clearly*.
From **laŭta** (*loud*), form *loudly*.
From **malrapida** (*slow*), form *slowly*.
From **simila** (*similar*), form *similarly*.

85. Here are some more adverbs that you have already met: **eble**, **efektive**, **kompreneble**, **tie**, **tre**. Do you remember what they mean?

86. Here are some adverbs of place:

ĉie	*everywhere*	**for**	*away*	**nenie**	*nowhere*

Li parolis klare kaj malrapide, sed ne tre laŭte. Lia frato parolas simile. Vi ne kalkulis tre bone! Efektive, oni vidas ilin ĉie. Kie estas la kovrilo? Mi trovas ĝin nenie. Kompreneble, per ĉi tiu aŭto mi neniam veturos tre rapide. Klare, ŝi jam iris for. Eble ŝi malbone aŭdis.

87. Let's take the word **vivi** (*to live, be alive*). From the root **viv-** we can form:

viv<u>o</u>	(noun)	*life*
viv<u>a</u>	(adjective)	*of life, living, alive, lively, vivacious*
viv<u>e</u>	(adverb)	*with life, in a lively manner*
viv<u>as</u>	(present tense)	*lives, does live, is living*
viv<u>is</u>	(past tense)	*lived, did live, was living*
viv<u>os</u>	(future tense)	*will live*

88. From **ami** (*to love*) form *love, loving, lovingly, loves, loved, will love.*

From **paroli** (*to speak*) form *speech, oral, orally, speaks, spoke, will speak.*

From **ludi** (*to play*) form *a game, playful, playfully, plays, played, will play, a player.*

Lesson 10

89. You already know the phrase **diru al mi** (*say to me, tell me*). We form wishes and commands by adding **-u** to the root (see 63), thus:

Aŭskultu!	*Listen!*
Pensu!	*Think!*
Silentu!	*Be silent!*

Haltu, mi petas!	*Please stop.*
Demandu al ŝi!	*Ask her.*
Ne timu!	*Don't be frightened!*
Ŝlosu la pordon malantaŭ vi!	*Lock the door behind you!*
Estu afabla al via eta fratino!	*Be kind to your little sister!*

90.

Mi devas iri.	*I must go, I have to go.*
Mi povas iri.	*I can go, I am able to go.*
Mi volas iri.	*I want to go.*

Ŝi devis helpi lin.	*She had to help him.*
Mi devos demandi.	*I'll have to ask.*
Li ne povis iri, ĉu?	*He couldn't go, could he?*
Ĉu vi povos iri.	*Will you be able to go?*
La bebo volis veni kun ni.	*The baby wanted to come with us.*

91. If asked **Kie estas la libro?** (*Where is the book?*), you might answer: **Jen ĝi estas!** (*Here it is!* or *There it is!*). The word **estas** can also be omitted: **Jen ĝi!**

92. In sentences about the weather, such as *it is raining* or *it is snowing*, we do not translate the word *it*: we say, simply, **pluvas** or **neĝas**. Similarly: **Ŝajnas al mi, ke** ... *It seems to me that* ...

93. **Ankaŭ** = *also, as well, too.* In Esperanto, this word goes just in front of whatever it's emphasizing:

Mi vidis la hundon. Ĉu ankaŭ <u>vi</u> vidis ĝin? (*Did <u>you</u> see it too?*)
Mi ankaŭ <u>aŭdis</u> ĝin, kaj mi aŭdis ankaŭ <u>la katon</u>.

94. **Por la familio** = *for the family.* **Por ludi** = *in order to play.*

Mi aĉetis ĝin por vi. Ĝi estas taso por kafo. Mi venis por helpi vin.

95. **Pri** = *about, concerning.*

Mi legas libron pri matematiko. Mi skribos al vi pri mia laboro. Pri kio vi parolis?

96. The prefix **re-** in Esperanto works rather like *re-* in English:

fari	*to do, make*	**refari**	*to do again, redo*
presi	*to print*	**represi**	*to print again, reprint*
vidi	*to see*	**revidi**	*to see again*

97. **Saluti** = *to greet.* **Ŝi salutis** = *she said hello.*

Saluton!	*Hello.*
Bonan tagon!	*Good morning*, or *Good afternoon.*
Dankon!	*Thank you.*

These can be regarded as shortened versions of **Mi donas al vi saluton, Mi deziras al vi bonan tagon**, etc., which explains the **-n** at the end of the words (see 51).

Pardoni = *to forgive.* **Pardonu!** = *Sorry!*

Necesa = *necessary.* **Necesejo** = *toilet* (literally, *a necessary place*).

Ĝis la revido! = *Goodbye* (literally, *until the seeing again*).

Ĝis! = *Bye!*

98. Words may be put together to form compound words, for example **retmesaĝo** (see 57), which is made from **reto** (*net, network*) and **mesaĝo** (*message*). Here are some more examples:

kafo, *coffee*	+	**taso**, *cup*	→	**kaftaso**, *coffee cup*
dormo, *sleep*	+	**ĉambro**, *room*	→	**dormoĉambro**, *bedroom*
neĝo, *snow*	+	**homo**, *person*	→	**neĝhomo**, *snowman*
maro, *sea*	+	**verda**, *green*	→	**marverda**, *sea-green*
for, *away*	+	**kuri**, *to run*	→	**forkuri**, *to run away*

- Note that **dormoĉambro** is a kind of **ĉambro**, **neĝhomo** is a kind of **homo**, and so on.
- The **-o** ending of the first word may or may not be included. It depends on how easy the word is to say.
- Compound words in Esperanto are never written as two words like the English 'coffee cup'.

By combining the elements **-adreso, -akvo, -arbo, aŭto-, ban-, bebo-, -blua, -ĉambro, ĉiel-, -domo, for-, -iri, -libro, -lito, man-, manĝo-, pom-, ret-, -skatolo, ŝu-, trink-, urbo-, -vendejo, -vojo,** create words that mean: *a bathroom, a cot, a handbook, a lunch box, a motorway, a shoe shop, a town hall, an apple tree, an email address, drinking water, sky-blue, to go away.*

99. **Kelkaj** = *some.* **Multaj** = *many.*

Ŝi aĉetis kelkajn librojn. Li havas multajn amikojn. Kelkaj floroj estas ruĝaj. Aliaj (*others*) **estas bluaj.**

Sufiĉe = *enough.* **Multe** = *much, a lot.* **Tro** = *too (much).*

La infano estas sufiĉe granda. Ŝi multe legis. Mi tro manĝis.

Sufiĉe da = *enough (of).* **Multe da** = *a lot of.* **Tro da** = *too much (of).*

Ni havas sufiĉe da tempo. Mi trinkis multe da akvo. Ŝi havas tro da laboro.

100. **Pli** = *more.* **Ol** = *than.*

La kafo estas pli varma ol la teo.

Reading Exercise 1

New vocabulary:

babili	*to chat*
babilejo	*chatroom*
denove	*again* (literally, *from new*)
dum	*during*
ekrano	*screen*
fini	*to finish*
finfine	*at last* (literally, *at the end of the end*)
renkonti	*to meet*
Tut-Tera Teksaĵo	*World Wide Web*
TTT-ejo	*website* (pronounced 'to-to-to-ejo')

Saluton, Elena!

Estis bele revidi vin hieraŭ.

Hodiaŭ mi aĉetis tiun novan komputilon (finfine!), kaj mi skribas ĉi tion per ĝi! Mi jam pli ŝatas ĝin ol la malnovan. La ekrano estas multe pli bona.

Kiam mi estis en la urbo, mi vidis Roberton. Mi diris "saluton", kaj ni parolis dum kelkaj minutoj. Li multe laboras nun kaj ne havas multe da tempo, sed li volas renkonti vin denove!

Jen la TTT-ejo, pri kiu mi parolis: www.lernu.net. Vere, oni ne devas aĉeti libron hodiaŭ por lerni Esperanton. En tiu TTT-ejo estas lecionoj, kaj ankaŭ vortaroj, babilejo, ludoj, muziko, ...

Kiam mi pensas pri muziko, mi memoras nun, ke mi *denove* forgesis doni al vi tiun diskon! Pardonu! Sed ne tro gravas. Morgaŭ mi sendos ĝin al vi. Ĉu ni renkontu nin denove baldaŭ?

Ĝis!

Maria

PS. Skribu al Roberto! Li atendas tion ...

Reading Exercise 2

New vocabulary:

el	*out of*	**mono**	*money*
elpreni	*to take out*	**rekompenco**	*reward*
honesta	*honest*	**sako**	*sack*
kiel	*how, like, as*	**ŝilingo**	*shilling*

Riĉa viro perdis saketon, en kiu estis multe da mono. Li anoncis, ke honesta homo, kiu trovos ĝin kaj redonos ĝin, ricevos cent ŝilingojn kiel rekompencon. Baldaŭ venis honesta viro kaj redonis la saketon. La riĉa viro rigardis en la saketo, kalkulis la monon kaj diris:

'En ĉi tiu saketo estis 800 ŝilingoj. Kiel vi vidas, nun estas nur 700. Ŝajne vi jam elprenis vian rekompencon. Tio estas bona. Mi dankas vin.'

Sed la honesta viro diris, ke li ne elprenis monon. Fine, ili devis iri al juĝisto.

La juĝisto aŭskultis la du virojn kaj diris: 'Unu el vi perdis 800 ŝilingojn, kaj la alia trovis 700 ŝilingojn. Tio ne povas esti la sama mono. Vi, honesta amiko, gardu la 700 ŝilingojn, ĝis venos homo, kiu perdis 700 ŝilingojn.'

Kaj al la alia viro li diris: 'Al vi mi povas nur diri, ke vi atendu pacience, ĝis honesta homo trovos viajn 800 ŝilingojn.'

Translation Exercise

1. What is in the tiny black box?
2. I can't find the lid for that box. Here it is!
3. Is there a lot of water on the floor now?
4. Where and when did you have to meet her?
5. Tomorrow you will be in the town, won't you?
6. There aren't any apples here, but in the garden there are two apple trees.
7. Which tree is bigger, and which is taller?
8. Give me the other booklet too, please.
9. Perhaps I will wait in the house, because it's raining today.
10. We wanted to eat quickly, but we had to wait for our friend.

Vocabulary

A
aĉeti *to buy*
adreso *address*
afabla *kind*
aĝo *age*
akvo *water*
al *to*
alia *other, another*
alta *high*
ami *to love*
amiko *friend*
ankaŭ *also, as well, too*
anonci *to announce*
antaŭ *before*
apud *near, by*
arbo *tree*
atendi *to wait for, expect*
aŭ *or*
aŭdi *to hear*
aŭskulti *to listen*
aŭto *car*
avantaĝo *advantage*
avo *grandfather*

B
babili *to chat*
baldaŭ *soon*
banano *banana*
bano *bath*
bebo *baby*
bela *beautiful*
besto *animal*
bildo *picture*
birdo *bird*
blanka *white*
blua *blue*
bona *good*
breto *shelf*
brili *to shine*
bruna *brown*

C
cent *hundred*

Ĉ
ĉambro *room*
ĉapelo *hat*
ĉar *because*
ĉevalo *horse*
ĉi (see 71)
ĉiam *always*
ĉie *everywhere*
ĉielo *sky*
ĉokolado *chocolate*
ĉu (see 35)

D
da *of* (quantity)
danco *dance*
danki *to thank*
de *of, from*
dek *ten*
demandi *to ask*
dento *tooth*
devas *must*
deziri *to want, desire*
diri *to say, tell*
disko *disc*
domo *house*
doni *to give*
dormi *to sleep*
du *two*
dum *during*

E
eble *perhaps*
efektive *as a matter of fact*
ekrano *screen*
el *out of*
en *in*
Esperanto *Esperanto*
esti *to be*
eta *tiny*

F
facila *easy*
familio *family*
fari *to do, make*
feliĉa *happy*
fenestro *window*
filo *son*
fini *to finish*
fiŝo *fish*
flava *yellow*
floro *flower*
flugi *to fly*

for *away*
forgesi *to forget*
forko *fork*
forta *strong*
frato *brother*
freŝa *fresh*
frukto *fruit*

G
gaja *cheerful, happy*
gardi *to guard, keep*
geografio *geography*
glaso *a glass*
granda *large, big*
grava *important*
griza *grey*

Ĝ
ĝardeno *garden*
ĝenerala *general*
ĝi *it*
ĝis *until*
ĝusta *correct*

H
halti *to stop*
havi *to have*
hela *bright*
helpi *to help*
helpo *help*
hieraŭ *yesterday*
hodiaŭ *today*
homo *person, human being*
honesta *honest*
horo *hour*
hundo *dog*

I
ili *they, them*
infano *child*
instrui *to teach*
inter *between*
iri *to go*

J
jam *already*
jaro *year*
jen (see 91)
jes *yes*
juĝi *to judge*
juna *young*

Ĵ
ĵaŭdo *Thursday*

K
kafo *coffee*
kaj *and*
kalkuli *to count, calculate*
kampo *field*
kanti *to sing*
kato *cat*
ke *that*
kelkaj *some*
kia *of what kind*
kial *why*
kiam *when*
kie *where*
kiel *how, like, as*
kio *what (thing)*
kiom *how much, how many*
kiu *who, which*
klara *clear*
knabo *boy*
koloro *colour*
kompreneble *of course*
komputi *to compute*
kontenta *contented, pleased*
kovri *to cover*
kun *with*
kuri *to run*
kuŝi *to lie (be horizontal)*
kuzo *cousin*
kvar *four*
kvin *five*

L
la *the*
labori *to work*
laca *tired*
laŭta *loud*
leciono *lesson*
legi *to read*
lernejo *school*
lerni *to learn*
lerta *clever*
letero *letter*
li *he, him*
libera *free*
libro *book*
lingvo *language*

linio *line*
lito *bed*
loĝi *to live, reside, dwell*
loko *place*
longa *long*
ludi *to play*
luno *moon*

M

manĝi *to eat*
mano *hand*
mardo *Tuesday*
maro *sea*
matematiko *mathematics*
meblo *piece of furniture*
memori *to remember*
merkredo *Wednesday*
mesaĝo *message*
mi *I, me*
mil *thousand*
minuto *minute*
mola *soft*
mono *money*
monto *mountain*
morgaŭ *tomorrow*
multaj *many, a lot of*
multe *much*
muro *wall*
muŝo *fly*
muziko *music*

N

naŭ *nine*
ne *no, not*
necesa *necessary*
neĝo *snow*
neniam *never*
nenie *nowhere*
ni *we, us*
nigra *black*
nokto *night*
nomo *name*
nova *new*
numero *number*
nun *now*
nur *only*

O

ofte *often*
ok *eight*
ol *than*
oni *one (people in general)*
oranĝo *orange*

P

pacienca *patient*
pano *bread*
papero *paper*
pardoni *to forgive*
paroli *to speak*
patro *father*
penso *thought*
per *by, by means of*
pensi *to think*
perdi *to lose*
peti *to request*
piro *pear*
planko *floor*
plena *full*
pli *more*
plori *to weep, cry*
plus *plus*
pluvo *rain*
pomo *apple*
por *for*
pordo *door*
post *after*
povas *can*
prava *in the right*
preni *to take*
presi *to print*
preta *ready*
pri *about, concerning*
pura *clean*
purpura *purple*

R

rapida *quick*
reĝo *king*
rekompenco *reward*
renkonti *to meet*
retmesaĝo *email*
reto *net, network*
ricevi *to receive*
riĉa *rich*
ridi *to laugh*
rigardi *to look at*
ripozi *to rest*
roza *pink*
rozo *rose*
ruĝa *red*

S

saĝa *wise*
sako *sack*
saluti *to greet*
sama *same*
sana *healthy, well*
se *if*
sed *but*
seĝo *chair*
sendi *to send*
sep *seven*
ses *six*
sidi *to sit*
silenti *to be silent*
simila *similar*
simpla *simple*
skatolo *a box*
skribi *to write*
stari *to stand*
sub *under*
sufiĉe *enough*
suno *sun*
sur *on*

Ŝ

ŝafo *sheep*
ŝajni *to seem*
ŝanĝi *to change*
ŝati *to like*
ŝi *she, her*
ŝilingo *shilling*
ŝipo *ship*
ŝlosi *to lock*
ŝtupo *step, stair*
ŝuo *shoe*

T

tablo *table*
tago *day*
tasko *task*
taso *cup*
tempo *time*
teni *to hold*
teo *tea*
tie *there*
timi *to fear*
tio *that (thing)*
tiu *that (one)*
tranĉi *to cut*
tre *very*
tri *three*
trinki *to drink*
tro *too much*
trompi *to deceive*
trovi *to find*

U

unu *one*
urbo *town*
uzi *to use*

V

varma *warm*
vendi *to sell*
veni *to come*
vera *true*
verda *green*
veturi *to travel, go by vehicle*
vi *you*
vidi *to see*
viro *man, male*
vivi *to live, be alive*
vojo *way, path*
voki *to call*
voli *to want*
vorto *word*

Prefixes and suffixes

Here is a list of the most useful Esperanto prefixes and suffixes. You have already met the first ten. See how many sensible new words you can make by adding these to the roots you have learnt.

-ar-	group	**-il-**	tool
-ej-	place	**-in-**	female
-eg-	bigger version	**-ist-**	regular doer
-et-	smaller version	**mal-**	opposite
ge-	males and females	**re-**	again

-aĉ-	poor quality	**muzikaĉo**	*dreadful music*
-aĵ-	thing	**novaĵo**	*piece of news*
		trinkaĵo	*a drink*
-an-	member	**familiano**	*family member*
dis-	in several directions	**disdoni**	*hand out*
-ebl-	able to be done	**aĉetebla**	*available to buy*
-ec-	-ness	**boneco**	*goodness*
		simileco	*similarity*
ek-	sudden start	**ekdormi**	*fall asleep*
-em-	inclination	**parolema**	*talkative*
-ig-	cause to be	**timigi**	*frighten*
		gajigi	*cheer someone up*
-iĝ-	become	**saniĝi**	*get well*
		finiĝi	*come to an end*
-ind-	worth doing	**lerninda**	*worth learning*
mis-	wrongly	**mislegi**	*misread*
-uj-	container	**monujo**	*purse, wallet*
-ul-	person	**belul(in)o**	*beautiful person*